O Manuscrito Original

As leis do triunfo e
do sucesso de

Napoleon Hill

DIAMANTE
DE BOLSO

Título original: *Law of Success – The Original Unedited Edition*

O manuscrito original: as leis do triunfo e do sucesso de Napoleon Hill - Versão de bolso

9ª edição: Maio 2025

Autor:
Napoleon Hill

Tradução e edição:
Lúcia Brito

Impressão:
Plena Print

Revisão:
3GB Consulting

Projeto gráfico:
Dharana Rivas

DADOS INTERNACIONAIS DE CATALOGAÇÃO NA PUBLICAÇÃO (CIP)

H647m Hill, Napoleon.

O manuscrito original – as leis do triunfo e do sucesso de Napoleon Hill / Napoleon Hill. – Porto Alegre: CDG, 2019.

ISBN: 978-85-68014-92-9

1. Desenvolvimento pessoal. 2. Motivação. 3. Sucesso pessoal. 4. Autoajuda. 5. Psicologia aplicada. I. Título.

CDD - 131.3

Produção editorial e distribuição:

CITADEL Grupo Editorial

contato@citadel.com.br
www.citadel.com.br

Diamante de Bolso

A coleção Diamante de Bolso apresenta os clássicos de Napoleon Hill em versão concisa. Os títulos do catálogo da Citadel Editora foram cuidadosamente lapidados para oferecer facetas cintilantes da obra original.

Este diamante é uma pequena gema para estimular a leitura do livro na íntegra. Uma joia para acompanhar o leitor no dia a dia, como lembrete ou fonte de inspiração.

Aproveite!

SUMÁRIO

PREFÁCIO

Quando a Citadel Editora me comunicou que havia adquirido os direitos autorais de *The Law of Success* e que lançaria uma versão inédita no Brasil com o título *O manuscrito original – As leis do triunfo e do sucesso de Napoleon Hill*, me emocionei. Enfim temos acesso à edição original desse clássico e às gemas que Napoleon Hill lapidou com a minúcia e destreza de um artesão e a inspiração de um artista.

A Lei do Sucesso codificada por Hill é a filosofia que mais influenciou líderes, estadistas e empreendedores do mundo inteiro. E por quê?

Por que entre tantos livros sobre a ciência do comportamento, este permanece tão atual depois de quase um século? A grande razão é a forma objetiva e pragmática com que aborda o assunto e os resultados práticos na vida das pessoas. Napoleon Hill foi atrás de respostas como um cientista que procura trazer à luz um segredo da natureza. Foi em busca da fórmula para a realização e o sucesso de maneira inflexível, infatigável, implacável, até a verdade que estivera ali todo o tempo lhe ser revelada.

Napoleon Hill não foi o primeiro homem a se horrorizar com a pobreza e a desigualdade. Nem o primeiro a escrever sobre como atingir o sucesso. Mas tornou-se o maior nome da motivação mundial porque reuniu tudo sobre o assunto de forma organizada e científica, criando um método que permite a qualquer pessoa construir uma vida acima da mediocridade. Foi o primeiro a descrever a incrível ferramenta que é o MasterMind.

Quando a última página desse manuscrito foi redigida, Napoleon Hill legou à humanidade um novo evangelho, o evangelho da realização pessoal. E o homem que se levantou da frente da máquina de escrever e saiu para o mundo era um homem diferente. As sufocantes e emaranhadas redes de frustrações e enganos autoimpostas tinham caído por terra, e o caminho estava claro. O homem era agora possuidor do talento único, invisível, de transformar sonhos em realidade, pensamentos em realizações.

É com enorme satisfação que escrevo este prefácio a todos os pesquisadores e leitores de Napoleon Hill. Tenho certeza de que a leitura que se segue nos aproximará ainda mais da verdadeira essência de sua obra.

– Jamil Albuquerque,
Presidente do Grupo MasterMind
Treinamentos de Alta Performance

APRESENTAÇÃO

Sucesso é o desenvolvimento de poder para obter o que se quer da vida sem interferir nos direitos dos outros. Poder é energia ou esforço organizado.

As Leis do Sucesso ensinam como organizar fatos, conhecimento e as faculdades mentais em uma unidade de poder. Mediante o domínio e a aplicação das Leis do Sucesso, você pode ter o que quiser dentro do razoável, ou seja, levando em conta sua educação, sabedoria, resistência física, temperamento e demais aspectos mencionados nas dezesseis lições a seguir.

Uma das mais marcantes tragédias desta era de luta e loucura por dinheiro é o fato de tão pouca gente estar envolvida na atividade de sua preferência. Um dos objetivos deste curso é ajudá-lo a escolher seu nicho no mercado de trabalho, onde prosperidade material e felicidade em abundância possam ser encontradas. Se você já está na atividade certa, as Leis do Sucesso possibilitam descobrir como se tornar mais capaz em seu campo.

As lições são planejadas para o aluno fazer um autoinventário e verificar que aptidão latente e que forças ocultas estão adormecidas dentro dele. O estudante vai identificar suas fraquezas e então criar um plano definido para transpô-las. Quando dominar as Leis do Sucesso e se apropriar delas, você estará pronto para desenvolver poder pessoal suficiente para garantir a realização de seu objetivo principal.

Este curso pretende ser um estimulante para organizar e direcionar as forças de sua mente em um objetivo definido, aproveitando assim o poder estupendo que a maioria das pessoas desperdiça em pensamentos espasmódicos e sem objetivo. Uma mente bem organizada, alerta e energética é produzida por vários estímulos, todos claramente descritos nestas lições.

A mente, assim como o corpo, necessita de uma variedade de exercícios para se desenvolver corretamente. Seguindo essa prática, você em breve perceberá que a mente se torna um ímã que atrai ideias úteis. Você também deve começar a ensinar as leis para aqueles que mais lhe interessam, pois é bem sabido que quanto mais alguém tenta ensinar determinado assunto mais aprende sobre ele.

Você terminará este curso com um novo estoque de ideias que o deixarão mais eficiente, mais entusiasmado e mais corajoso. Não tenha medo de novas ideias! Elas podem significar a diferença entre sucesso e fracasso.

LIÇÃO I

O MASTERMIND

Todos sabem que algumas mentes demonstram afinidade natural instantânea, ao passo que outras colidem no momento em que entram em contato. Algumas mentes adaptam-se tão naturalmente uma à outra que o resultado é "amor à primeira vista". Quem não conhece tal experiência? Em outros casos, as mentes são tão antagônicas que surge uma violenta antipatia mútua no primeiro encontro. Ambos os resultados ocorrem sem que uma palavra seja dita e sem os mais ínfimos sinais de que quaisquer causas de amor e ódio estejam atuando como estímulo. Entre esses dois extremos existe um amplo leque de resultados do contato de uma mente com outra. O MasterMind é um deles.

MasterMind é a mente que surge da combinação e coordenação de duas ou mais mentes em espírito de perfeita harmonia. O MasterMind permanecerá disponível enquanto existir a aliança amigável e harmoniosa entre as mentes individuais. Ele se desintegrará e toda a evidência de sua existência desaparecerá no momento em que a aliança amigável for quebrada. Duas ou mais mentes não podem se combinar nem ser coordenadas a menos que haja perfeita harmonia, residindo aí o segredo do sucesso ou do fracasso de praticamente todos os negócios e parcerias sociais.

O MasterMind pode ser aplicado às questões pessoais, econômicas e comerciais. Duas ou mais mentes combinadas em perfeita harmonia podem desenvolver poder suficiente para que os indivíduos realizem proezas aparentemente sobre-humanas.

Poder é a força com a qual o homem atinge o sucesso em qualquer atividade. Poder ilimitado pode ser aproveitado por pessoas dispostas a submergir a personalidade e os interesses individuais na combinação de suas mentes em espírito de perfeita harmonia.

Um grupo de MasterMind pode consistir em qualquer número de integrantes a partir de dois. Melhores resultados tornam-se visíveis a partir da combinação de seis ou sete mentes. As alianças de MasterMind mais eficientes são as desenvolvidas pela combinação de mentes de homens e mulheres.

O poder do MasterMind é imediatamente perceptível na forma de uma imaginação mais viva e do que parece um sexto sentido. É graças a esse sexto sentido que novas ideias lampejam na mente dos integrantes. Se o grupo de MasterMind se reuniu com o objetivo de discutir determinado assunto, ideias relacionadas a este jorrarão na mente de todos os participantes, como se uma influência externa estivesse ditando-as.

As mentes dos integrantes do MasterMind se tornam ímãs, atraindo – ninguém sabe exatamente de onde – ideias e estímulo para pensamentos de natureza mais organizada e prática. Cada mente estimula todas as outras mentes do grupo até a energia mental tornar-se tão grande que penetra e se conecta com a energia universal.

O cérebro do ser humano pode ser comparado a uma bateria; se ficar esgotado ou fraco, a pessoa se sentirá desanimada e desencorajada. O cérebro esgotado deve ser recarregado, e isso pode ser feito pelo contato com uma ou mais mentes mais energizadas. Os encontros de MasterMind evidentemente recarregam a mente de todos os participantes.

Todo gerente de vendas, todo comandante militar e todo líder em qualquer setor entende a necessidade de espírito de equipe – de entendimento e cooperação – para alcançar o sucesso. Onde quer que haja um enorme sucesso nos negócios, finanças, indústria ou qualquer profissão, pode-se ter certeza de que por trás existe algum indivíduo que aplicou o princípio da combinação mental em um MasterMind. Esses sucessos surpreendentes com frequência parecem obra de uma só pessoa, mas olhe de perto e descobrirá outros indivíduos cujas mentes estiveram coordenadas com a daquela pessoa.

Não é à toa que líderes empresariais, políticos ou de outros campos de atuação acham muito difícil organizar grupos para que trabalhem na obtenção de determinado objetivo sem atrito. Acontece que cada ser humano tem dentro de si forças difíceis de harmonizar, mesmo em um ambiente muito favorável à harmonia. Se a química mental de cada indivíduo é tal que as unidades de sua mente não podem ser facilmente harmonizadas, imagine o quão mais difícil deve ser harmonizar um grupo de mentes para que funcionem no que chamamos de aliança de MasterMind.

O líder que tem êxito em desenvolver e direcionar a energia do MasterMind tem tato, paciência, persistência, autoconfiança e habilidade para se adaptar – em estado de perfeito equilíbrio e harmonia – sem mostrar o menor sinal de incômodo, a circunstâncias que mudam rapidamente. Além disso, deve ter a capacidade de mudar de um estado de ânimo para outro sem mostrar o menor sinal de raiva ou falta de autocontrole.

Observe a frequência com que a palavra "harmonia" aparece nesta lição. Harmonia parece ser uma das leis da natureza sem a qual não pode existir energia organizada ou qualquer forma de vida. A saúde do corpo e da mente é construída em torno, a partir e em cima da harmonia. Sucesso na vida, não importa o que se considere sucesso, é em grande parte uma questão de adaptação ao ambiente de tal maneira que exista harmonia entre o indivíduo e seu meio. No sentido real do termo, harmonia é algo tão raro entre grupos de pessoas quanto cristianismo verdadeiro entre aqueles que se proclamam cristãos.

Não existe MasterMind sem perfeita harmonia. As unidades mentais individuais não irão se combinar até que tenham sido estimuladas a formar um espírito de perfeita harmonia de objetivo. No momento em que começam a seguir rotas divergentes de interesse, as unidades mentais individuais se separam e o MasterMind se desintegra.

Nenhum grupo de mentes pode ser combinado em um MasterMind se um dos indivíduos do grupo tiver uma mente extremamente negativa, repelente. Mentes negativas e positivas não irão se mesclar no sentido aqui descrito como MasterMind. A falta de conhecimento desse fato levou muitos líderes e empreendimentos ao fracasso.

É apropriado comentar que toda aliança mental, seja ela em espírito de harmonia ou não, desenvolve uma outra mente que afeta todos os participantes. Pode haver, e muitas vezes há, o desenvolvimento de um poder negativo oposto ao MasterMind.

Um dos obstáculos mais prejudiciais na estrada para o sucesso é a aliança infeliz de mentes que não se harmonizam, seja uma aliança de natureza empresarial, seja social. Em tais casos, a aliança deve ser quebrada ou o final será fracasso e derrota. É um milhão de vezes melhor encarar o rompimento do que ser arrastado para o fracasso e a alienação por causa de alianças não harmoniosas, não importando de que natureza ou com quem.

Embora seja verdade que algumas mentes não irão combinar em espírito de harmonia e não podem ser forçadas ou induzidas a tal, não se apresse demais em atribuir ao outro toda a responsabilidade pela falta de harmonia da aliança – lembre-se de que o problema pode estar em você. Lembre-se também de que uma pessoa cuja mente não pode e não vai se harmonizar com certo tipo de mente pode se harmonizar perfeitamente com outros tipos. Não é mais costume dispensar um funcionário porque não se adapta ao cargo para o qual foi originalmente contratado. O líder judicioso trata de colocar tal homem em alguma outra função; assim, desajustados podem se tornar valiosos.

LIÇÃO 2

OBJETIVO PRINCIPAL DEFINIDO

O ponto principal desta lição está na palavra "definido". É estarrecedor saber que 95% das pessoas deste mundo estão à deriva na vida, sem a menor ideia de qual trabalho é o mais adequado para elas e sem qualquer noção da necessidade do que se chama de objetivo definido.

Existe uma razão psicológica para a seleção de um objetivo principal definido de vida: as ações de um indivíduo estão sempre em harmonia com os pensamentos dominantes de sua mente. Qualquer objetivo principal definido deliberadamente fixado na mente e lá mantido com a determinação de realizá-lo acaba saturando o subconsciente até influenciar a ação física para a sua realização.

O princípio pelo qual se consegue gravar o objetivo principal definido no subconsciente é chamado de autossugestão, ou sugestão que se faz para si mesmo. Você não precisa ter medo da autossugestão desde que tenha certeza de que seu objetivo é construtivo, de que sua realização não trará dificuldade nem miséria a ninguém e de que lhe trará felicidade, paz e prosperidade duradouras.

A mente subconsciente pode ser comparada a um ímã que atrai qualquer pensamento dominante, positivo ou negativo. Semelhante atrai semelhante, o que nos leva a uma afirmação: querendo ou não, você atrairá circunstâncias e pessoas que se harmonizem com sua filosofia de vida, com os pensamentos que dominam sua mente. Sendo isso verdade, você consegue ver a importância de vitalizar sua mente com um objetivo principal definido para atrair circunstâncias e pessoas que irão ajudar, e não atrapalhar, na sua busca de realização?

Suponha que seu objetivo principal definido esteja muito longe de sua atual condição de vida. E daí? É seu privilégio – ou melhor, seu dever – ter metas elevadas. Você deve a si e à comunidade em que vive definir um alto padrão para si.

Todos os grandes líderes baseiam sua liderança em um objetivo principal definido. Quando um homem com um objetivo principal definido passa por uma multidão, todos abrem espaço para ele.

Trabalho duro e boas intenções não bastam para levar ao sucesso. Afinal, como pode um homem ter certeza de que atingiu o sucesso a menos que tenha estabelecido na mente algum objetivo definido?

Você já parou para pensar que a maioria das pessoas termina a escola e pega um emprego em algum ramo sem qualquer coisa remotamente parecida com um objetivo definido ou um plano definido? Se sucesso depende de poder, se poder é esforço organizado e se o primeiro passo na direção da organização é um objetivo definido, então dá para ver facilmente por que um objetivo é essencial.

De forma vaga, quase todo mundo tem um objetivo definido – o desejo de dinheiro! Mas isso não é objetivo definido conforme o significado do termo nesta lição. Antes que seu objetivo de ter dinheiro possa ser considerado definido, você deverá chegar a uma decisão sobre o método pelo qual vai acumular o dinheiro. Não basta dizer que vai ganhar dinheiro entrando em algum negócio. Você tem que decidir a que tipo de atividade vai se dedicar, onde seu negócio será instalado e quais as políticas empresariais sob as quais será conduzido.

O objetivo desta lição não é informar qual deva ser sua profissão. Contudo, é bom ter em mente que você provavelmente alcançará maior sucesso encontrando o que mais gosta, pois um homem em geral tem mais sucesso no campo de atividade onde pode se jogar de alma e coração.

O objetivo principal definido deve ser acompanhado de um desejo ardente de sua realização. Por exemplo, apenas querer um automóvel não fará com que este apareça, mas, se houver um desejo ardente por um automóvel, esse desejo levará à ação apropriada para se obter um automóvel.

Um objetivo definido é algo que você deve criar sozinho. Ninguém vai criar para você, e ele não vai se criar sozinho. Comece agora a analisar seus anseios e descubra o que deseja. Tenha em mente que não chegará a lugar algum se não começar de algum lugar. Se seu objetivo de vida é vago, suas conquistas também serão vagas e, pode-se acrescentar, pobres.

Saiba o que quer, quando quer, por que quer e como pretende conseguir. Deve ter lhe ocorrido que não se pode alcançar um objetivo principal definido a não ser que também se tenha um plano muito prático e definido para fazer o objetivo virar realidade. Então, o primeiro passo é decidir qual será o principal objetivo na vida. O passo seguinte é redigir uma afirmação clara e concisa do objetivo, seguida da descrição por escrito do plano ou planos para alcançar o objetivo.

O próximo e último passo será a formação de uma aliança de MasterMind com uma ou mais pessoas que irão cooperar na execução dos planos e na transformação do objetivo principal definido em realidade. O MasterMind deve incluir aqueles que têm interesse sincero por você. Se é casado, seu cônjuge deve ser um dos membros da aliança, desde que haja confiança e simpatia entre vocês. Outros membros podem ser seus pais, irmãos ou amigos próximos.

Aqueles que participarem do MasterMind devem assinar com você a declaração do objetivo principal definido. Cada integrante deve estar completamente familiarizado com a natureza do objetivo na formação da aliança. Além disso, deve estar sinceramente de acordo com o objetivo e ser completamente solidário. Cada membro da aliança deve receber uma cópia escrita da declaração do objetivo principal definido. No mais, você é explicitamente instruído a manter seu objetivo principal para você. O mundo está cheio de São Tomés, e não será bom para sua causa ter cabeças ocas zombando de você e das suas ambições. Lembre-se: você precisa de encorajamento amigável e ajuda, não de escárnio e dúvidas.

Se acredita em oração, faça do objetivo principal definido o tema de suas preces pelo menos uma vez por dia. Se os membros de seu MasterMind acreditam em oração, peça para que incluam o objetivo da aliança nas preces diárias.

Combine com um ou todos os membros da aliança para que lhe afirmem, nos termos mais positivos e definidos, que eles sabem que você pode e vai realizar seu objetivo principal definido. Essa afirmação deve ser feita pelo menos uma vez por dia, ou mais, se possível.

Você deve seguir o procedimento até atingir o objetivo, independentemente do tempo requerido. Em alguns momentos pode ser necessário mudar os planos. Faça essas mudanças sem hesitar.

Se algum membro perder a fé no MasterMind, remova-o imediatamente e substitua por outra pessoa. Você não pode ser bem-sucedido cercado de associados desleais e hostis. O sucesso é construído sobre lealdade, fé, sinceridade, cooperação e outras forças positivas com que se deve abastecer o ambiente.

Se quiser formar uma aliança de MasterMind no ambiente profissional, siga as mesmas regras. O objetivo principal definido pode ser de benefício individual ou do negócio. O MasterMind vai funcionar igual em ambos os casos.

Seu objetivo principal definido deve se tornar seu *hobby*. Você deve ocupar-se dele constantemente – dormir, comer, divertir-se, trabalhar e morar com ele.

Você pode conseguir o que quiser, se quiser com intensidade suficiente e continuar querendo, desde que o objeto que você deseje seja razoável e que você realmente acredite que conseguirá. Os que acreditam que podem alcançar seu objetivo principal definido não reconhecem a palavra impossível. Tampouco admitem uma derrota temporária. Eles sabem que terão sucesso e, se um plano fracassa, rapidamente substituem por outro.

Se existe uma palavra relativa a esta lição que deve se destacar na mente, é persistência!

LIÇÃO 3

AUTOCONFIANÇA

O desenvolvimento da autoconfiança começa com a eliminação do medo. Os seis medos básicos da humanidade são:

1. Medo da pobreza
2. Medo da velhice
3. Medo da crítica
4. Medo da perda do amor
5. Medo de problemas de saúde
6. Medo da morte

MEDO DA POBREZA: parece que vivemos na era da adoração do dinheiro. Nada traz tanto sofrimento e humilhação quanto a pobreza. A palavra "sociedade" poderia muito bem ser grafada "$ociedade". Tamanha é a avidez do homem por riqueza, que irá adquiri-la de qualquer maneira, por métodos legais, se possível, e por outros, se necessário.

Um homem pode cometer assassinato, roubo, estupro e todas as demais formas de violação dos direitos alheios e ainda assim reconquistar *status* elevado, contanto que nunca perca a riqueza. Pobreza é crime – um pecado imperdoável, por assim dizer.

Nenhum homem temeria a pobreza se pudesse confiar nos outros. Existem comida, abrigo, vestuário e recursos em quantidade suficiente para todas as pessoas da Terra, e estes poderiam ser desfrutados por todos não fosse o hábito do homem de tentar empurrar todos os outros "porcos" para fora do cocho, mesmo que tenha tudo e mais do que precisa.

MEDO DA VELHICE: esse medo brota de duas fontes. Primeiro, do pensamento de que a velhice pode trazer a pobreza, proveniente da desconfiança de que outros homens possam apoderar-se de quaisquer bens materiais que se possua. Segundo, dos ensinamentos falsos e cruéis que misturam fogo e enxofre com purgatórios no outro mundo, possivelmente muito mais horrível que este, já considerado ruim o suficiente.

MEDO DA CRÍTICA: esse medo assume muitas formas diferentes, a maioria de natureza insignificante e trivial. Os fabricantes de vestuário, por exemplo, capitalizam esse medo básico a cada estação, sabendo que as pessoas temem vestir uma roupa fora de sintonia com o que "todo mundo está usando agora".

MEDO DA PERDA DO AMOR: o ciúme e outras formas similares de demência precoce mais ou menos leves provêm do medo que o homem tem de perder o amor de outrem. De todos os "loucos em sã consciência", os ciumentos são os mais bizarros. A perda do amor é um dos mais dolorosos, se não o mais doloroso, dos seis medos; causa mais estragos à mente do que qualquer outro, levando com frequência às mais violentas formas de insanidade permanente.

MEDO DE PROBLEMAS DE SAÚDE: associa-se intimamente ao medo da pobreza e da velhice porque também conduz à fronteira dos mundos terríveis que o homem não conhece, mas dos quais ouviu histórias perturbadoras. O autor tem forte suspeita de que os envolvidos na venda de métodos para uma boa saúde desempenham papel considerável em manter vivo o medo dos problemas de saúde. Afinal, se alguém ganha a vida mantendo as pessoas saudáveis, parece natural que use todos os meios a seu alcance para persuadi-las de que precisam de seus serviços.

MEDO DA MORTE: para muitos esse é o pior dos seis medos básicos e pode ser atribuído diretamente ao fanatismo religioso. Há milhares de anos o homem pergunta de onde vem e para onde vai após a morte. Os mais astutos e espertos, bem como os honestos, mas crédulos, não tardaram em oferecer respostas. Na verdade, responder essas perguntas se tornou uma das chamadas profissões "eruditas", apesar de ser necessária pouca instrução.

A verdade é que nenhum homem sabe de onde viemos ou para onde vamos. Qualquer um que afirme o contrário está enganando a si mesmo ou é um impostor consciente, que faz disso um meio de vida. Seja dito em favor dos envolvidos na venda de ingressos para o céu que a maioria de fato acredita não só saber onde o céu existe, como também que seus credos darão passagem segura aos que os abraçarem. Essa crença pode ser resumida em uma palavra: credulidade.

Todo ser humano chega à idade adulta acorrentado em certa medida por um ou mais dos seis medos básicos, transmitidos pela hereditariedade social. O termo "hereditariedade social" refere-se aos métodos pelos quais uma geração impõe à subsequente superstições, crenças, lendas e ideias; deve ser entendido como toda e qualquer fonte pela qual se adquire conhecimento, tais como ensino religioso e de todas as outras naturezas, leituras, conversas, narrativas e todo tipo de pensamento oriundo do que geralmente é aceito como "experiências pessoais".

Talvez nenhuma das grandes forças da natureza esteja mais disponível ao desenvolvimento do homem que a autossugestão. É essa a ferramenta a ser usada para combater os medos e desenvolver a autoconfiança. Adote a autossugestão e faça uso direto dela em seu desenvolvimento como uma pessoa positiva, dinâmica e autoconfiante. A instrução é que copie, assine e memorize a fórmula a seguir.

FÓRMULA DA AUTOCONFIANÇA

- Sei que tenho capacidade para alcançar meu objetivo definido; portanto, exijo de mim persistência, ação agressiva e contínua rumo à realização.
- Percebo que os pensamentos dominantes em minha mente acabam por se reproduzir em ação corporal externa, transformando-se gradualmente em realidade física; portanto, vou concentrar minha mente por trinta minutos diários na tarefa de pensar na pessoa que pretendo ser, criando uma imagem mental dessa pessoa e transformando essa imagem em realidade mediante ação prática.
- Sei que, pela autossugestão, qualquer desejo que eu mantenha persistentemente em minha mente acabará por buscar expressão por meios práticos; portanto, vou devotar dez minutos diários para exigir de mim o desenvolvimento dos fatores listados nas dezesseis lições da Lei do Sucesso.

- Tracei e redigi claramente a descrição de meu objetivo definido de vida. Estabeleci um preço por meus serviços, preço que pretendo merecer e receber pela aplicação rigorosa do princípio do serviço eficiente e satisfatório.
- Percebo plenamente que nenhuma riqueza ou posição pode durar para sempre a não ser que alicerçada sobre justiça e verdade; portanto, não me envolverei em nenhuma transação que não beneficie todos os participantes. Serei bem-sucedido, atraindo as forças que desejo usar e a cooperação de outras pessoas. Induzirei outros a me servir porque primeiro servirei a eles. Eliminarei o ódio, a inveja, o ciúme, o egoísmo e o cinismo, desenvolvendo amor por toda a humanidade, porque sei que uma atitude negativa em relação a outros jamais poderá me trazer sucesso. Farei os outros acreditarem em mim porque acreditarei neles e em mim mesmo.

- Assinei meu nome nesta fórmula, irei memorizá-la e repeti-la em voz alta uma vez por dia, com plena fé de que gradualmente influenciará minha vida, para que me torne um trabalhador bem-sucedido e feliz no meu campo de atuação.

O objetivo de escrever e repetir a fórmula da autoconfiança é tornar o hábito de acreditar em si mesmo o pensamento dominante em sua mente, até incuti-lo no subconsciente.

Você tem dentro de si todo o poder de que precisa para conseguir tudo o que quiser neste mundo, e a melhor maneira de aproveitar esse poder é acreditar em si. Você está constantemente transmitindo o que pensa de si, e, se não tiver fé, os outros sentirão. As pessoas irão acreditar em você somente quando você acreditar em si.

Entretanto, tenha clara a diferença entre autoconfiança, baseada no sólido conhecimento do que você sabe e do que pode fazer, e egocentrismo, baseado apenas no que você desejaria saber ou fazer.

Autoconfiança é algo que jamais deve ser proclamado ou anunciado a não ser pelo desempenho inteligente de ações construtivas. Se você tem autoconfiança, aqueles ao seu redor vão descobrir. Deixe que façam a descoberta, e você ficará livre da suspeita de egocentrismo. A oportunidade jamais espreita a pessoa egocêntrica, mas críticas e observações ruins, sim. A oportunidade desenvolve afinidade muito mais fácil e rapidamente com a autoconfiança do que com o egocentrismo.

Autoelogio nunca é uma medida adequada de autoconfiança. Tenha isso em mente e deixe sua autoconfiança falar somente pela língua do serviço construtivo prestado sem espalhafato ou rebuliço.

Autoconfiança é o produto do conhecimento. Conheça a si mesmo, saiba o quanto (e quão pouco) você sabe. Não há sentido em fingir, pois qualquer pessoa educada irá avaliá-lo com bastante precisão após ouvi-lo falar por três minutos. O que você realmente é vai falar tão alto que o que você alega ser não será ouvido.

Acredite em si, mas não diga ao mundo o que você pode fazer – mostre!

LIÇÃO 4

O HÁBITO DE POUPAR

Poupar dinheiro é essencial para o sucesso, mas a grande pergunta de quem não poupa é: "Como posso fazer isso?". Poupar é unicamente uma questão de hábito. Pela repetição, qualquer ato se torna um hábito. Pelo hábito, o homem molda sua personalidade.

Você deve cultivar o hábito de poupar a fim de se colocar na rota de grandes oportunidades e desenvolver sua capacidade de visão, autoconfiança, imaginação, entusiasmo, iniciativa e liderança.

O endividamento é um inimigo mortal do hábito de poupar. A pobreza por si só é suficiente para matar a ambição, destruir a autoconfiança e a esperança; acrescente o fardo da dívida, e a vítima estará praticamente fadada ao fracasso.

A acumulação de dívidas é um hábito. Começa aos pouquinhos, cresce passo a passo até tomar conta da alma do indivíduo. Um homem subjugado por dívidas não tem tempo nem inclinação para elaborar ideias. O homem pesadamente endividado é dominado pelo medo da pobreza, sua ambição e autoconfiança ficam paralisadas, e ele afunda gradualmente na alienação.

Caso você tenha dívidas, é preciso abandonar o hábito de comprar a crédito e quitar os débitos gradativamente. Livre do endividamento, você estará pronto para reformular os hábitos de sua mente no rumo da prosperidade. Adote como parte de seu objetivo principal definido o hábito de poupar um percentual regular de sua renda, mesmo que não mais que um centavo por dia. Muito em breve o hábito se fixará na mente, e você sentirá alegria em poupar.

Qualquer hábito pode ser descontinuado, colocando-se no lugar algo mais desejável. O hábito de gastar deve ser substituído pelo hábito de poupar por todos que almejam independência financeira.

Muitos homens percorreram um longo caminho na direção do sucesso apenas para tropeçar e cair – e nunca mais se erguer – por conta da falta de dinheiro em tempos de emergência. A taxa de mortalidade de negócios devido à falta de capital de reserva para emergências é estupenda.

Fundos de reserva são essenciais para a operação bem-sucedida de negócios, assim como contas de poupança são igualmente essenciais para o sucesso dos indivíduos. Sem poupança, a pessoa sofre de duas maneiras: primeiro, pela incapacidade de aproveitar oportunidades que aparecem apenas para gente com dinheiro na mão, e segundo, pelo constrangimento devido a alguma emergência que exija dinheiro.

A maioria das pessoas pensa mais em como gastar o que tem do que em maneiras de poupar. A ideia de poupar e o autocontrole e autossacrifício que a acompanham estão sempre ligados a pensamentos de natureza desagradável, mas pensar em gastar é eletrizante. Na verdade, poupar pode se tornar tão fascinante quando gastar, mas não até se tornar um hábito regular, bem fundamentado e sistemático.

O hábito de poupar exige mais força de caráter do que a maioria das pessoas desenvolve, pois significa abnegação e sacrifício de diversões e prazeres. Por essa mesma razão, quem desenvolve esse hábito adquire ao mesmo tempo muitos outros hábitos necessários para o sucesso, especialmente autocontrole, autoconfiança, coragem, equilíbrio e liberdade do medo.

Quanto se deve poupar? De modo geral, um assalariado deveria repartir seu vencimento como segue:

Poupança	20%
Sustento (moradia, alimentação e vestuário)	50%
Educação	10%
Recreação	10%
Seguro de vida	10%
	100%

Estamos vivendo numa época em que o item "recreação" consome parte excessiva do orçamento. Dezenas de milhares de pessoas gastam até um terço de sua renda em entretenimento.

Infelizmente a maioria de nós é criada por pais que estimulam o hábito de gastar por se excederem em seus gastos e não pouparem. Afortunada é a criança cujos pais entendem o valor do hábito de poupar para inculcá-lo nos filhos, pois os hábitos da primeira infância nos acompanham ao longo da vida.

Dê a um homem US$ 100 que ele não esperava, e o que ele fará? Ora, começará a cogitar como pode gastar o dinheiro. Antes de cair a noite, ele terá gasto os US$ 100 ou pelo menos terá decidido como gastar, adicionando assim mais combustível à já excessivamente brilhante chama do hábito de gastar.

Hoje em dia é comum as pessoas comprarem um carro em prestações que envolvem despesa excessiva em comparação à renda. Aliás, a compra parcelada é tão comum e tão fácil que a tendência de gastar fora da proporção da renda só aumenta. Essa tendência deve ser freada por quem busca independência financeira.

Requer força de caráter, determinação e firme poder de decisão abrir uma poupança e depositar uma parcela regular, ainda que pequena, de toda a renda. Admitir falta coragem para cortar despesas a fim de poupar uma pequena quantia que seja equivale a admitir a falta do tipo de caráter que leva ao sucesso.

A melhor coisa da vida é a liberdade. Não pode haver liberdade real sem um grau razoável de independência financeira. É terrível ser obrigado a estar em determinado lugar, realizar determinada tarefa (talvez uma tarefa de que não se goste) por determinado número de horas, todos os dias da semana, a vida inteira. Sob certos aspectos, é a mesma coisa que estar preso.

A única esperança de escapar da labuta perpétua que reduz a liberdade é cultivar o hábito de poupar, não importa quanto sacrifício isso possa exigir. Não existe outro jeito para a maioria das pessoas, e, a menos que você seja uma das raras exceções, esta lição e todas as afirmações se destinam e se aplicam a você.

LIÇÃO 5

INICIATIVA E LIDERANÇA

Iniciativa é a base da liderança. É a qualidade que incita o indivíduo a fazer o que deve ser feito sem que alguém o mande fazer. É fazer a coisa certa sem ser mandado.

O mais próximo de fazer a coisa certa sem ser mandado é fazer tão logo seja mandado. A seguir, tem aqueles que fazem a coisa certa apenas quando a necessidade obriga; esses tipos gastam a maior parte do tempo reclamando da má sorte. Mais abaixo na escala, temos o camarada que não fará a coisa certa mesmo que alguém acompanhe, mostre como fazer e fique junto para ajudar; esse está sempre desempregado.

A liderança nunca é encontrada em quem não adquiriu o hábito de tomar a iniciativa. Liderança é algo que você busca, ela nunca incide sobre você.

Vamos delinear o procedimento para você se tornar uma pessoa de iniciativa e liderança.

Primeiro, você deve eliminar o hábito da procrastinação. O hábito de deixar para amanhã o que deveria ter feito na semana passada ou no ano passado, ou muitos anos atrás, consome a vitalidade do seu ser, e você não vai conquistar nada até livrar-se dele.

O método para eliminar a procrastinação baseia-se na autossugestão. Copie a fórmula a seguir e a deixe onde possa vê-la ao se recolher à noite e ao se levantar pela manhã.

INICIATIVA E LIDERANÇA

- Tendo escolhido um objetivo principal definido para minha vida, entendo que é meu dever transformá-lo em realidade. Sei que a procrastinação é inimiga mortal de todos que se tornarão líderes e vou eliminar esse hábito da seguinte forma:
  - Fazendo a cada dia alguma coisa definida que deve ser feita, sem que alguém mande fazer.
  - Olhando ao redor a cada dia até encontrar pelo menos uma coisa que eu não tinha o hábito de fazer e que seja de valor para os outros; fazê-la sem expectativa de retribuição.
  - Falando para ao menos uma pessoa a cada dia sobre o valor de praticar o hábito de fazer algo que deve ser feito sem ser mandado.
- Entendo que o hábito da iniciativa se fixa à medida que é praticado. Percebo que o lugar para dar início ao hábito da iniciativa é nas pequenas

coisas comuns relacionadas a meu trabalho diário; portanto, irei para o trabalho todos os dias como se estivesse fazendo isso somente com o objetivo de desenvolver o necessário hábito da iniciativa.

- Entendo que, pela prática de tomar a iniciativa em relação ao trabalho diário, estarei não apenas desenvolvendo tal hábito, mas também atraindo a atenção daqueles que atribuirão grande valor a meu trabalho como resultado dessa prática.

Independentemente do que esteja fazendo, todos os dias você tem a chance de prestar algum serviço além das tarefas regulares que será de valor para outrem. É claro que você não vai agir com o objetivo de receber pagamento em dinheiro. Você vai prestar esse serviço para exercitar, desenvolver e fortalecer o espírito agressivo de iniciativa que deve ter antes de poder se tornar uma figura proeminente na atividade profissional escolhida.

Aqueles que trabalham só por dinheiro e recebem apenas dinheiro como pagamento são sempre mal pagos, não importa o quanto recebam. Dinheiro é necessário, mas os grandes prêmios da vida não podem ser medidos em dólares ou centavos.

Você pode desenvolver a capacidade de iniciativa instigando aqueles ao redor a fazerem o mesmo. É bem sabido que o homem aprende melhor o que ele se empenha em ensinar aos outros.

Se desejar fazer um experimento interessante e proveitoso, escolha um conhecido que nunca faz nada além do esperado e comece a vender sua ideia de iniciativa. Faça isso toda vez que tiver oportunidade, abordando o assunto de um ângulo diferente a cada vez. Se fizer o experimento de forma diplomática e incisiva, em breve observará uma mudança na pessoa. E mais importante: em si mesmo. Você não pode falar de iniciativa para os outros sem desenvolver o desejo de praticar.

Existem dois tipos de liderança; o que um deles tem de mortal e destrutivo o outro tem de útil e construtivo. O tipo mortal, que leva não ao sucesso, mas ao fracasso absoluto, é adotado por pseudolíderes que forçam sua liderança sobre seguidores relutantes. A liderança destrutiva baseia-se em autoengrandecimento, é construída sobre a ambição pessoal. O tipo de liderança recomendado neste curso é o que leva a autodeterminação, liberdade, autodesenvolvimento, esclarecimento e justiça.

Em todos os campos da atividade humana, aquele que ocupa o primeiro lugar vive à luz da publicidade. Quer a liderança esteja investida em um homem, quer em um produto, a imitação e a inveja estão sempre presentes. O líder é atacado porque é líder, e o esforço para se igualar a ele é apenas mais uma prova de sua liderança. Fracassando em se igualar ao líder ou sobrepujá-lo, vozinhas maldosas ou tacanhas procuram depreciá-lo e destruí-lo – mas apenas confirmam a superioridade daquele que se esforçam para derrubar.

Um verdadeiro líder não pode ser caluniado ou prejudicado por mentiras dos invejosos porque essas tentativas apenas colocam o holofote sobre sua capacidade, e a verdadeira capacidade sempre encontra um séquito numeroso. O que é bom ou grandioso se faz conhecido, não importa quão ruidoso o clamor de negação.

Na Lição 2 você entendeu o valor do objetivo principal definido. Cabe enfatizar aqui que o objetivo deve ser ativo, e não passivo. Um objetivo definido nunca será nada além de um simples desejo a menos que você se torne uma pessoa de iniciativa e busque esse objetivo de forma agressiva e persistente até realizá-lo.

Você não chega a lugar algum sem persistência. Ter um objetivo definido sem esforço contínuo para alcançá-lo dá na mesma que não ter.

Um dos principais atributos da liderança é o poder de decisão rápida e firme. A maioria das pessoas não consegue e não chega a decisões rápidas, se é que chega a alguma decisão. O líder não só trabalha com um objetivo principal definido, como também tem um plano bem definido para atingi-lo.

Autoconfiança é outro importante atributo do líder. O principal motivo para a indecisão é a falta de autoconfiança. Todo líder se destaca por ter um objetivo definido, autoconfiança e iniciativa. Também dispõe de imaginação, entusiasmo, autocontrole, personalidade agradável, pensamento preciso, concentração e tolerância. A falta de alguma dessas qualidades diminui o poder de liderança.

Um aspecto importante da responsabilidade do líder é induzir as pessoas a subordinarem suas ideias e interesses ao bem do todo, e isso se aplica a assuntos de natureza cívica, empresarial, social, política, financeira e industrial. Sucesso é quase sempre uma questão de habilidade em conseguir que os outros subordinem sua individualidade e sigam um líder. O líder habilidoso tem personalidade e imaginação para induzir seus seguidores a aceitar seus planos e executá-los fielmente.

Ganhamos ou perdemos de acordo com a natureza dos planos que elaboramos e executamos. Com o uso inteligente de iniciativa e liderança, imaginação, autoconfiança e objetivo principal definido, podem-se construir planos para qualquer meta.

Esforço organizado é o esforço direcionado conforme um plano concebido com a ajuda da imaginação, guiado pelo objetivo principal definido e impulsionado pela iniciativa e autoconfiança. Essas quatro leis combinam-se em uma e se tornam um poder nas mãos de um líder. Sem elas a liderança é impossível.

20 QUALIDADES DOS LÍDERES DO FUTURO

1. Domínio total dos seis medos básicos.
2. Disposição para subordinar interesses pessoais ao bem de seus seguidores. Domínio completo da ganância e da avareza.
3. Unicidade de propósito, representada por um programa definido de liderança que se harmonize com as necessidades do momento.
4. Entendimento e aplicação do princípio do MasterMind.
5. Autoconfiança em sua forma mais elevada.
6. Capacidade de tomar decisões rápidas e permanecer firme.
7. Imaginação suficiente para antecipar-se às necessidades e criar planos para atendê-las.
8. Iniciativa em sua forma mais sagaz.

9. Entusiasmo e capacidade de transmiti-lo aos seguidores.
10. Autocontrole em sua forma mais elevada.
11. Disposição para prestar mais serviço do que aquele pelo qual recebe compensação direta.
12. Personalidade agradável e magnética.
13. Capacidade de pensar com precisão.
14. Capacidade de cooperar com os outros em um espírito de harmonia.
15. Persistência para concentrar pensamentos e esforços em uma tarefa até ela estar concluída.
16. Capacidade de lucrar com erros e falhas.
17. Tolerância em sua forma mais elevada.
18. Temperança em todas as suas formas.
19. Honestidade intencional de propósito e ação.
20. Estrita observância da Regra de Ouro em todos os relacionamentos.

LIÇÃO 6

IMAGINAÇÃO

Imaginação é a oficina da mente humana, onde velhas ideias e fatos estabelecidos podem ser remontados em novas combinações e colocados em novos usos. Imaginação é o ato de inteligência construtiva de agrupar elementos do conhecimento ou do pensamento em sistemas novos, originais e racionais; a faculdade construtiva ou criativa, abrangendo poesia, arte, filosofia, ciência e ética.

Imaginação é o poder criativo da mente, a formação mental de imagens e figuras ou a representação mental de objetos e ideias, particularmente de objetos de percepção sensorial e raciocínio matemático. É também a reprodução e combinação, normalmente com modificação mais ou menos irracional ou anormal, de imagens ou ideias de memória ou de fatos recordados de experiência.

Esta lição sobre imaginação pode ser chamada de eixo da Lei do Sucesso, pois todas as outras levam a ela e utilizam o princípio sobre o qual se baseia. Suas conquistas brotam dos planos que você cria na imaginação. Primeiro vem o pensamento; a seguir, a organização desse pensamento em ideias e planos; depois, a transformação dos planos em realidade. O início, como você pode observar, está na imaginação.

A imaginação é não apenas um tema importante deste curso, é também um dos assuntos mais interessantes e afeta tudo que é feito em relação à conquista do objetivo principal definido. Você se dá conta do quanto a imaginação é importante quando percebe que ela é a única coisa neste mundo sobre a qual você tem controle absoluto. Você pode ser privado da riqueza material e enganado de mil maneiras, mas nenhum homem pode privá-lo do controle e uso da imaginação. Homens podem tratá-lo com injustiça, como frequentemente acontece, podem privá-lo da liberdade, mas não podem tirar-lhe o privilégio de usar a imaginação como quiser.

O maior problema do mundo hoje reside em nossa falta de entendimento do poder da imaginação; se o entendêssemos, poderíamos usá-lo para acabar com a pobreza, a miséria, a injustiça e a perseguição em uma única geração. A vida neste mundo pode ser comparada a um grande caleidoscópio no qual paisagens, fatos e substâncias materiais estão sempre em mudança e movimento, e tudo que qualquer homem pode fazer é pegar esses fatos e substâncias e reorganizá-los em novas combinações. O processo pelo qual se faz isso é chamado de imaginação.

Se a imaginação é o espelho de sua alma, você tem todo o direito de parar em frente a esse espelho e se ver como deseja ser. Você tem o direito de ver refletidos nesse espelho mágico a mansão que pretende ter, a fábrica que pretende gerenciar, o banco que pretende presidir, a posição que pretende ocupar na vida. Sua imaginação lhe pertence. Use-a! Quanto mais usá-la, mais eficientemente ela irá lhe servir.

Se usar a imaginação de forma adequada, ela vai ajudar a converter fracassos e erros em bens de valor inestimável. A imaginação leva à descoberta de que os maiores infortúnios da vida geralmente abrem portas para oportunidades de ouro.

Você nunca saberá qual sua capacidade de realização até aprender como misturar seus esforços com imaginação. Sem imaginação, os produtos de suas mãos irão proporcionar um pequeno retorno; guiadas pela imaginação, as mesmas mãos podem obter toda a riqueza material que você deseje.

Existem duas maneiras de lucrar com a imaginação. Você pode desenvolver essa faculdade em sua mente ou se aliar àqueles que já a tenham desenvolvido. Se você sente que sua imaginação é inadequada, deve formar uma aliança com alguém cuja imaginação seja suficientemente desenvolvida para suprir sua deficiência.

Existem várias formas de aliança, como a relação empregado-empregador. Nem todos os homens têm condições de fazer o que é melhor para si como empregadores, e aqueles que não têm podem lucrar aliando-se com homens de imaginação que tenham tal capacidade. Não é desgraça atuar na condição de empregado. Pelo contrário, frequentemente esse se mostra o lado mais lucrativo de uma aliança, visto que nem todos os homens são talhados para assumir a responsabilidade de dirigir outrem.

Em sua busca da forma certa de oferecer mercadorias ou serviços, lembre-se do seguinte: os homens concederão favores caso você solicite em benefício de uma terceira pessoa, mas não se você pedir em benefício próprio. É um traço proeminente da natureza humana incitar-nos a fazer o que favorece nossos interesses. Para ser perfeitamente claro, os homens são egoístas.

Seja qual for a sua área de atuação, planeje suas ações deixando claras as vantagens mais fortes e mais atraentes para o seu cliente. Se entender o quão rapidamente as pessoas atendem seus pedidos quando estes apelam aos interesses delas, você poderá conseguir quase tudo que buscar.

Se os ventos da fortuna estão temporariamente soprando contra você, lembre-se de que pode aproveitá-los para que o carreguem na direção do objetivo definido pelo uso da imaginação. Uma pipa sobe com vento contrário, não com vento a favor.

Existe uma forma de imaginação desaconselhável: aquela que leva pessoas a imaginar que podem conseguir algo a troco de nada ou que podem avançar à força no mundo sem observar o direito dos outros. Existem aqueles que direcionam a imaginação para a vã tentativa de encontrar um jeito de mostrar o que acontece quando "um corpo imóvel entra em contato com uma força irresistível", mas esses tipos pertencem a hospitais psiquiátricos.

Tempo e imaginação (que frequentemente é produto do tempo) ensinam muitas coisas, mas nada mais importante do que o seguinte: todos os homens são muito parecidos em muitos aspectos. Estude a si mesmo, descubra que motivos influem na execução de certas ações, o que o leva a evitar outras ações, e terá ido longe no aperfeiçoamento do uso correto da imaginação. Se você deseja saber o que outra pessoa irá fazer, coloque-se no lugar dela e descubra o que você faria. Isso é imaginação.

Toda pessoa deveria ser um pouco sonhadora. Todo negócio necessita do sonhador. Mas o sonhador deve ser também um realizador ou então formar uma aliança com alguém que possa traduzir sonhos em realidade.

Sua mente é capaz de criar muitas combinações novas e úteis a partir de velhas ideias, mas a coisa mais importante que pode criar é um objetivo principal definido. Seu objetivo principal definido pode ser rapidamente traduzido em realidade após ter sido moldado no berço da imaginação.

A batalha para alcançar o sucesso está metade ganha quando se sabe decididamente o que se quer. A batalha está encerrada quando alguém sabe o que quer e se decidiu a consegui-lo, seja qual for o preço.

A escolha de um objetivo principal definido exige o uso de imaginação e decisão. O poder de decisão aumenta com o uso. Decisão imediata em forçar a imaginação a criar um objetivo principal definido torna a capacidade de tomar decisões em outros assuntos mais poderosa.

Adversidades e derrotas temporárias em geral são bênçãos disfarçadas, pois forçam o uso da imaginação e da decisão. Por isso um homem normalmente briga melhor quando está encurralado e sabe que não tem recuo. Aí ele toma a decisão de lutar em vez de correr.

A imaginação nunca é tão ativa como quando se encara uma emergência que exige decisão e ação rápidas e definidas. Nos momentos de emergência, os homens tomam decisões, constroem planos e usam a imaginação de tal maneira que se tornam conhecidos como gênios. Muitos gênios nasceram da necessidade de estimular a imaginação de forma incomum, como resultado de alguma experiência desafiadora que forçou o pensamento rápido e a decisão imediata.

LIÇÃO 7

ENTUSIASMO

Entusiasmo é um estado mental que inspira e incita a dar conta da tarefa em mãos. O entusiasmo é contagioso e afeta vitalmente não só o entusiasta, mas também todos que entram em contato com ele. O entusiasmo é a força motriz vital que impele à ação. Os grandes líderes são aqueles que sabem como inspirar entusiasmo nos seguidores. Entusiasmo é o fator mais importante na arte de vender. É de longe o fator mais vital ao falar em público.

Misture entusiasmo ao seu trabalho e ele não parecerá difícil ou monótono. O entusiasmo irá energizar seu corpo de tal forma que você poderá dormir a metade do tempo que está acostumado e ao mesmo tempo executará o dobro ou o triplo do trabalho que geralmente executa em determinado período, sem cansaço.

Entusiasmo não é apenas figura de linguagem, é também uma força que você pode canalizar e utilizar. Sem ele, você seria como uma bateria sem eletricidade. Entusiasmo é a força vital com que você recarrega seu corpo e desenvolve uma personalidade dinâmica.

Algumas pessoas são abençoadas com entusiasmo natural, enquanto outras devem adquiri-lo. O procedimento para desenvolver o entusiasmo é simples. Inicia-se fazendo o trabalho ou prestando o serviço do qual mais se gosta. Se a sua situação de momento não lhe permite engajar-se de forma conveniente no trabalho de que mais gosta, você pode seguir em outra linha de modo eficiente, adotando um objetivo principal definido que contemple seu engajamento naquele trabalho específico no futuro.

Entusiasmo é uma força tão vital que nenhum homem que não o tenha altamente desenvolvido pode começar sequer a se aproximar de seu poder de realização. Você pode estar longe da realização do objetivo principal definido, mas, se acender o fogo do entusiasmo em seu coração e o mantiver ardendo, em breve o obstáculo que agora está no caminho irá derreter como que por força mágica, e você se encontrará em posse do poder que desconhecia ter.

Voltamos agora à discussão de um dos assuntos mais importantes deste curso, isto é, a sugestão, o princípio pelo qual palavras, ações e até mesmo o estado mental de uma pessoa influenciam outras. Quando você tem entusiasmo pelos bens que vende, pelo serviço que oferece ou pelo discurso que faz, seu estado mental se torna óbvio para todos que o ouvem, pelo tom da voz. É o tom da voz, mais do que a declaração em si, que transmite convicção ou fracassa em convencer.

Nenhuma combinação de palavras pode tomar o lugar de uma crença profunda em uma declaração expressa com entusiasmo ardente. Palavras não passam de sons desvitalizados a menos que coloridas com sentimentos nascidos do entusiasmo. Aqui a palavra impressa me falha, pois jamais poderei expressar apenas por escrito a diferença entre palavras que saem de lábios sem emoção, sem a chama do entusiasmo, e aquelas que parecem brotar de um coração transbordando de anseio e expressão.

O que você diz e a maneira como diz podem transmitir significados opostos. Isso contribui para o fracasso de muita gente que apresenta argumentos em palavras que parecem bastante lógicas, mas que carecem do colorido que só pode vir do entusiasmo nascido da sinceridade e da crença naquilo que estão tentando transmitir. Nesses casos, as palavras dizem uma coisa, mas o tom de voz sugere algo inteiramente diferente.

O que você diz é importante, mas não tão importante quanto o que você faz. As ações contarão mais que as palavras, e ai de você se ambas não se harmonizarem. Por exemplo, se um homem prega a Regra de Ouro, mas não pratica o que prega, suas palavras cairão em ouvidos moucos.

Os pensamentos constituem a mais importante das três formas de aplicar o princípio da sugestão, pois controlam o tom das palavras e, pelo menos em certa medida, as ações. Se pensamentos, ações e palavras se harmonizam, você fica propenso a influenciar aqueles com quem entra em contato.

Antes de poder influenciar pela sugestão, a mente da outra pessoa deve estar em um estado de neutralidade, ou seja, aberta e receptiva à sugestão. Deve ser estabelecido um estado de confiança; é óbvio que não existe regra definida para estabelecer a confiança ou neutralizar a mente.

A maioria das pessoas não fará favores apenas para agradar os outros. Se eu pedir que você preste um serviço que irá me beneficiar sem lhe trazer alguma vantagem correspondente, você não mostrará muito entusiasmo em fazer o favor; poderá recusar categoricamente se tiver uma desculpa plausível. Mas, se eu pedir a você para que preste um serviço que beneficiará uma terceira pessoa e seja de uma natureza que provavelmente reflita algum crédito para você, mesmo que tal serviço deva ser prestado por meu intermédio, as chances são de que você preste o serviço de bom grado.

Sugestão é um dos princípios mais sutis e poderosos da psicologia. Você a utiliza em tudo que faz, diz e pensa, mas, a menos que entenda a diferença entre sugestão negativa e sugestão positiva, pode trazer derrota, em vez de sucesso.

A mente humana é uma máquina maravilhosa. Uma de suas características marcantes é que todas as impressões que chegam a ela por sugestão externa ou autossugestão são gravadas juntas em grupos de natureza harmônica. Quando uma dessas impressões (ou experiências passadas) vem à mente consciente a partir da memória, existe uma tendência de rebocar todas as outras de natureza semelhante, como o surgimento de um elo que traz outros elos consigo.

Esse princípio se aplica a toda impressão sensorial alojada na mente humana. Por exemplo, no momento em que permitimos uma única memória de medo chegar ao consciente, ela traz consigo todas as relações desagradáveis. Uma sensação de coragem não consegue chamar a atenção da mente consciente enquanto a sensação de medo estiver ali. Uma ou outra deve dominar.

Semelhante atrai semelhante. Todo pensamento mantido na mente consciente tende a atrair outros pensamentos de natureza semelhante. Você vê, portanto, que sensações, pensamentos e emoções de experiências passadas que chamam a atenção da mente consciente são apoiados por um exército regular de soldados de natureza semelhante, prontos para ajudar no trabalho. Utilize a autossugestão para colocar deliberadamente em sua mente a ambição de ser bem-sucedido mediante um objetivo principal definido e perceba com que rapidez todas as suas habilidades latentes e não desenvolvidas de experiências passadas começarão a ser estimuladas e despertadas para agir em seu benefício.

Ao plantar uma sugestão “em profundidade”, misture-a generosamente com entusiasmo, o fertilizante que vai assegurar o rápido crescimento, bem como a permanência da sugestão. Não é bem o que você diz, mas o tom e a maneira como diz que causam uma impressão duradoura. Naturalmente, portanto, sinceridade de objetivo, honestidade e seriedade devem estar em tudo que é dito caso se deseje causar uma impressão duradoura e favorável.

Seja o que for que você venda para outrem, primeiro deve vender para si. Nenhum homem pode se permitir expressar em atos ou palavras algo que não esteja em harmonia com sua crença. A falha acabará se revelando, e, ainda que ninguém jamais o pegue em flagrante expressando o que não acredita, as palavras irão fracassar no cumprimento da finalidade, porque o indíviduo não pode lhes dar "corpo" se elas não vêm do coração e não são combinadas com entusiasmo genuíno e inabalável.

Você não pode se permitir sugerir a outra pessoa, por palavras ou ações, aquilo em que não acredita. E o motivo é o seguinte: se comprometer sua consciência, não demorará muito para não ter mais consciência, pois ela falhará em guiá-lo, assim como um despertador fracassa em acordá-lo se você não presta atenção nele.

Existe apenas uma coisa no mundo que confere ao homem poder real e duradouro: caráter! Reputação, tenha em mente, não é caráter. Reputação é o que as pessoas acreditam ser, caráter é o que as pessoas são! Se você pretende ser uma pessoa de grande influência, seja uma pessoa de verdadeiro caráter.

Caráter é a pedra filosofal com a qual se pode transformar o metal comum da vida em ouro puro. Sem caráter você não tem nada, não é nada e não pode ser nada, exceto um amontoado de carne, ossos e cabelos. Caráter é algo que você não pode mendigar, roubar ou comprar. Você só o consegue construindo e só pode construí-lo com seus pensamentos e ações, e de nenhuma outra maneira. Com o auxílio da autossugestão, qualquer um pode construir um caráter sólido, não importando seu passado.

Você agora será instruído sobre como desenvolver entusiasmo, caso ainda não o tenha. As instruções são simples, mas pobre de você se não valorizá-las.

- Complete o restante deste curso, pois, nas próximas lições, há outras instruções importantes que devem ser coordenadas com esta.
- Se ainda não o fez, escreva seu objetivo principal definido em uma linguagem clara e simples e a seguir escreva também o plano com que pretende transformar seu objetivo em realidade.
- Leia a descrição do objetivo principal definido toda noite; enquanto lê, veja-se de plena posse do objetivo. Faça isso com plena fé. Leia em voz alta. Repita a leitura até a vozinha dentro de você dizer que seu objetivo será realizado. Às vezes você sentirá o efeito dessa voz interior na primeira vez; em outras vezes, poderá ter que ler cinquenta vezes, mas não pare enquanto não

senti-la. Se preferir, você pode ler o objetivo principal definido como uma prece.

Para se tornar bem-sucedido, você deve ser uma pessoa de ação. Apenas saber não é suficiente. É necessário saber e fazer. Entusiasmo é a mola mestra para colocar o conhecimento em ação. O entusiasmo não conhece derrota e nunca é questão de sorte. Existem certos estímulos que produzem entusiasmo, sendo os mais importantes os seguintes:

- Ocupação no trabalho que mais se ama.
- Ambiente onde se entre em contato com outros que sejam entusiasmados e otimistas.
- Sucesso financeiro.
- Domínio completo e aplicação das dezesseis Leis do Sucesso no trabalho diário.
- Conhecimento de que se serviu aos outros de alguma maneira útil.

- Boa saúde.
- Boas roupas, apropriadas para a ocupação.

Essas fontes de estímulo são autoexplicativas, com exceção da última. As roupas constituem a parte mais importante da arrumação de que toda pessoa precisa para se sentir autoconfiante, esperançosa e entusiasmada. Uma aparência de prosperidade sempre atrai atenção favorável, pois o desejo dominante em todo coração humano é ser próspero. Pode ser verdade que as roupas não fazem o homem, mas ninguém pode negar que roupas boas ajudam em muito a garantir um bom começo.

Se um homem leva a vida em espírito cotidiano apático, prosaico, desprovido de entusiasmo, está fadado ao fracasso. Não existe plano que possa produzir resultados sem que você estimule seu entusiasmo para exercer um esforço maior que o empregado habitualmente nas ocupações cotidianas.

LIÇÃO 8

AUTOCONTROLE

Na lição anterior você aprendeu sobre o valor do entusiasmo; o autocontrole possibilita direcionar o entusiasmo. Sem autocontrole, o entusiasmo se assemelha aos raios de uma tempestade elétrica – podem atingir qualquer coisa, destruir vidas e propriedade.

Entusiasmo incita à ação; autocontrole direciona as ações para que sejam construtivas. Para ser uma pessoa equilibrada, você deve ter o autocontrole e o entusiasmo equalizados.

É fato que a maioria das tristezas do homem decorre da falta de autocontrole. Estude aqueles que o mundo chama de grandes e observe que todos têm a qualidade do autocontrole.

O autocontrole é um fator importante da Lei do Sucesso não tanto pelas dificuldades que ocasiona àqueles que carecem dele, mas porque aqueles que não o exercitam sofrem a perda de um grande poder de que necessitam para realizar seus objetivos. Se você negligencia o exercício do autocontrole, é possível que prejudique outras pessoas – e com certeza a si mesmo.

As pessoas que recusam ou negligenciam o exercício do autocontrole perdem oportunidade após oportunidade sem sequer saber. Assim como as grandes leis da vida estão contidas nas experiências cotidianas que muitos de nós nem percebem, também as oportunidades com frequência escondem-se em acontecimentos aparentemente insignificantes.

Vamos analisar agora o significado do termo autocontrole conforme utilizado neste curso, descrevendo a conduta geral de quem o tem. A pessoa com autocontrole não se entrega ao ódio, inveja, ciúme, medo, vingança ou qualquer emoção destrutiva; não entra em êxtases e não fica incontrolavelmente entusiasmada com nada nem ninguém.

Ganância, egoísmo e autoaprovação sem análise e justa apreciação dos méritos reais indicam falta de autocontrole das mais perigosas. Autoconfiança é essencial para o sucesso, porém, quando desenvolvida além da razão, torna-se um perigo. Autossacrifício é uma qualidade louvável, mas, quando levado a extremos, também se torna uma perigosa forma de falta de autocontrole.

Você tem o dever de não permitir que suas emoções coloquem sua felicidade nas mãos de outra pessoa. Amor é essencial para a felicidade, mas a pessoa que ama tão profundamente que sua felicidade é colocada inteiramente nas mãos de outrem é como um canário que brinca com os bigodes do gato.

A pessoa com autocontrole não se deixará influenciar pelo cínico ou pelo pessimista, nem permitirá que outro pense por ela. A pessoa com autocontrole vai estimular sua imaginação e entusiasmo até que produzam ação, mas controlará a ação e não permitirá que esta a controle. A pessoa com autocontrole nunca, sob nenhuma circunstância, vai escravizar outrem ou procurar vingança por qualquer motivo que seja. A pessoa com autocontrole não vai odiar aqueles que não concordam com ela; em vez disso, se esforçará para entender a razão da discordância e tirar proveito disso.

Uma espécie de falta de autocontrole que causa grande sofrimento é o hábito de formar opiniões antes de estudar os fatos. Ninguém tem o direito de formar uma opinião que não se baseie no que acredite ser fatos ou uma hipótese razoável; ainda assim, se observar cuidadosamente, você vai se pegar formando opiniões com base em nada mais substancial do que seu desejo de que uma coisa seja ou não seja de determinada maneira.

Outra forma grave de falta de autocontrole é o hábito de gastar em excesso. Vivemos na era da gastança em velocidade alucinante. A antiga reserva para tempos difíceis ficou obsoleta. A falta de autocontrole está sendo transmitida às gerações futuras por pais que se tornaram vítimas do hábito de gastar. Economizar exige autocontrole da mais elevada ordem, conforme espero ter deixado claro na Lição 4.

Presumo que você esteja lutando para alcançar o sucesso. Deixe-me lembrá-lo então de que uma pequena poupança vai atrair muitas oportunidades que não viriam ao seu encontro sem ela. O tamanho da poupança não é tão importante quanto o hábito de poupar, pois este define uma importante forma de autocontrole.

Entre o avarento que esconde todos os centavos em que põe as mãos e o homem que gasta todos os centavos que ganha ou pede emprestado, existe um meio-termo. Se aproveitar a vida com razoável liberdade e contentamento, você há de encontrar esse meio-termo e adotá-lo como parte do autocontrole.

Autocontrole é essencial no desenvolvimento do poder pessoal, pois permite controlar o apetite, a tendência de gastar mais do que se ganha e o hábito de revidar ofensas. Afinal, cedo ou tarde, toda pessoa chega ao momento em que é forçada a decidir sua política em relação aos inimigos. Emoções reprimidas, especialmente ódio, assemelham-se a uma bomba perigosa, mas podem tornar-se inofensivas se explodidas em campo aberto ou desarmadas.

Você tem o poder não apenas de pensar, mas também, mil vezes mais importante, o de controlar seus pensamentos. Você tem o poder de selecionar o material dos pensamentos dominantes de sua mente, e os pensamentos que dominam sua mente trarão sucesso ou fracasso de acordo com sua natureza.

O pensamento é a ferramenta com que você pode mudar seu destino a seu gosto. Coloque em sua mente pensamentos positivos e construtivos em harmonia com seu objetivo principal definido de vida, e sua mente transformará tais pensamentos em realidade. Quando escolhe deliberadamente os pensamentos que dominam sua mente e recusa com firmeza a entrada de sugestão externa, você exercita o autocontrole em sua forma mais eficiente.

Todos nós somos vendedores, não importa qual tipo de serviço ou mercadoria oferecemos. Se pretende ser um mestre em vendas – seja de mercadorias, seja de serviços –, você deve exercitar autocontrole para se fechar a todos os argumentos e sugestões adversos. Em vez de ser uma pessoa que aceita ideias alheias com dócil submissão, o mestre em vendas persuade os outros a aceitar as dele. Controlando-se e colocando apenas pensamentos positivos em sua mente, ele se torna uma personalidade dominante.

A habilidade de negociar sem conflito e discussão brota de autocontrole paciente e meticuloso. Perder a cabeça, e com ela seu caso, argumento ou venda, mostra falta de autocontrole.

Um aluno certa vez perguntou como controlar os pensamentos quando em estado de raiva intensa. Eu respondi: “Da mesma maneira que você mudaria seus modos e tom de voz se estivesse em uma discussão acalorada com um membro da família e ouvisse a campainha anunciar a chegada de alguém. Você se controlaria porque desejaria fazê-lo”. Se você já sentiu necessidade de encobrir os verdadeiros sentimentos e mudar a expressão facial rapidamente, sabe a facilidade com que isso pode ser feito e também sabe que pode ser feito quando se quer.

Quando seus desejos são fortes o suficiente, parece que você tem poderes sobre-humanos para realizá-los. Se organizada e usada de modo construtivo, a energia que a maioria das pessoas dissipa pela falta de autocontrole traria todos os artigos de primeira necessidade e todos os luxos desejados.

O tempo que muita gente gasta fofocando seria suficiente para atingir o objetivo principal definido (se tal objetivo existisse). Falar demais é uma forma de falta de autocontrole comum e destrutiva. As pessoas que sabem o que querem e estão empenhadas em consegui-lo vigiam suas conversas. Não existe ganho com palavras indesejadas, descontroladas e proferidas a esmo.

Quase sempre é mais lucrativo ouvir do que falar. Um bom ouvinte pode captar algo que se somará ao seu estoque de conhecimento. É preciso autocontrole para se tornar um bom ouvinte. Não deixar outra pessoa falar é uma forma comum de falta de autocontrole que não só é rude, como também priva de valiosas oportunidades de aprender com os outros.

LIÇÃO 9

O HÁBITO DE FAZER MAIS DO QUE É PAGO PARA FAZER

A pessoa engajada em uma atividade que ama pode trabalhar por um período inacreditavelmente longo de horas sem fatigar-se. Um trabalho de que não se gosta provoca fadiga. O indivíduo é mais eficiente e terá êxito mais rápida e facilmente quando engajado em um trabalho que ama ou que executa em nome de alguém que ama.

Sempre que o amor entra em qualquer tarefa que se executa, a qualidade melhora e a quantidade aumenta sem incremento correspondente na fadiga. Quando a pessoa está engajada em um trabalho que ama, não é penoso fazer mais e melhor do que é paga para fazer; por isso, deve-se fazer o máximo para encontrar o tipo de trabalho de que mais se gosta.

Existem dois sólidos motivos para você desenvolver o hábito de executar mais e melhor serviço do que é pago para fazer. São eles:

- Ao prestar mais e melhor serviço do que é pago para fazer, você se tornará conhecido por essa qualidade e haverá forte concorrência por seus serviços, seja qual for sua área de atuação.
- Ao prestar mais e melhor serviço do que é pago para fazer, você exercitará suas habilidades e ampliará sua capacidade, tornando-se tão entendido em seu trabalho que poderá exigir maior remuneração.

O simples fato de que a maioria das pessoas presta tão pouco serviço quanto possa cria uma vantagem para todos que prestam mais serviço do que são pagos para fazer, pois permite que lucrem com a comparação. É importante entender que o princípio de prestar mais e melhor serviço do que se é pago para fazer se aplica a empregadores e profissionais liberais e autônomos da mesma forma que a empregados.

Quando você faz apenas o que é pago para fazer, não há nada de extraordinário; porém, quando você faz mais do que é pago para fazer, sua ação atrai atenção favorável e propicia o estabelecimento de uma reputação que acabará fazendo a lei dos retornos crescentes trabalhar em seu favor, gerando ampla demanda por seus serviços. Para comprovar isso, faça o seguinte experimento: durante os próximos seis meses, encarregue-se de prestar um serviço útil para pelo menos uma pessoa por dia, sem esperar nem aceitar pagamento monetário.

A prestação desse serviço pode ser feita de dezenas de maneiras, para uma ou mais pessoas específicas, para completos estranhos que você não espera rever. Não importa para quem seja, desde que aja com boa vontade e com o único objetivo de beneficiar outrem. Se levar a experiência a cabo com a atitude mental adequada, você descobrirá que não pode prestar serviços sem receber compensação, do mesmo modo que não pode negar-se a prestar sem sofrer a perda da recompensa.

Um aspecto importante de prestar mais e melhor serviço do que somos pagos para fazer é podermos desenvolver esse hábito por iniciativa própria, sem pedir permissão. Você não precisa consultar aqueles para quem presta o serviço; é um privilégio sobre o qual você tem controle absoluto.

A mestria no campo de atividade escolhido só pode ser alcançada com a realização de um serviço desse tipo. Por isso, você deve tornar parte de seu objetivo principal definido agir para superar todos os recordes anteriores em tudo que faz. Deixe isso se tornar parte dos hábitos diários e dê sequência com a mesma regularidade com que faz suas refeições.

Encarregue-se de prestar mais e melhor serviço do que é pago para fazer e eis que, antes que perceba o que aconteceu, verá que o mundo de bom grado está lhe pagando por mais do que você faz! Você será pago por seu serviço com uma taxa de juros compostos.

Você nunca poderá se tornar um líder sem fazer mais do que é pago para fazer e não poderá ser bem-sucedido sem desenvolver a liderança na ocupação escolhida.

LIÇÃO 10

PERSONALIDADE AGRADÁVEL

Sua personalidade é a soma das características que o distinguem. Existe uma maneira de expressar uma personalidade agradável: ter um vivo e genuíno interesse pelos outros. Bajulação barata repele, em vez de atrair. Para desenvolver uma personalidade atraente, o primeiro item essencial é o caráter, pois ninguém pode ter uma personalidade agradável sem um caráter sólido.

Você pode se embelezar com belas roupas da moda e se portar da maneira mais agradável no que tange às aparências, mas, se houver ganância, inveja, ódio, ciúme, avareza e egoísmo em seu coração, só atrairá aqueles cujo caráter se harmonizam com o seu. Semelhantes atraem semelhantes.

Você pode se embelezar com um sorriso artificial que disfarça seus sentimentos e pode praticar a arte do aperto de mãos. Porém, se essas manifestações externas de personalidade atraente carecem de sinceridade de propósito, irão repelir, em vez de atrair.

Nas lições 2 e 8, você encontrará a fórmula para moldar seu caráter. Aqui vamos apenas enumerar de modo resumido os principais fatores da personalidade atraente:

- Crie o hábito de se interessar por outras pessoas; encarregue-se de encontrar boas qualidades e fale delas em termos elogiosos.

- Desenvolva a habilidade de falar com firmeza e convicção em conversas casuais e em público.
- Vista-se em um estilo que combine com sua constituição física e seu tipo de trabalho.
- Desenvolva um caráter positivo.
- Aprenda a apertar as mãos de modo a transmitir uma sensação cordial e entusiasmo.
- Atraia outras pessoas para você "sendo atraído" primeiro por elas.
- Lembre-se de que sua única limitação é aquela que você estabelece em sua mente.

A maior de todas as vantagens de cultivar uma personalidade agradável reside não no ganho monetário e material, mas no aprimoramento do caráter. Seja agradável e você vai lucrar material e mentalmente, pois jamais ficará tão feliz como quando souber que está fazendo os outros felizes.

LIÇÃO II

PENSAMENTO PRECISO

Pensamento preciso envolve dois elementos essenciais: separar fatos de mera informação e separar fatos relevantes e fatos irrelevantes. Todos os fatos que você pode usar na realização de seu objetivo principal definido são importantes e relevantes; todos os demais são desimportantes e irrelevantes. A negligência em fazer essa distinção contribui para o abismo que separa pessoas que parecem ter as mesmas habilidades e oportunidades.

O homem que aceita sem analisar tudo o que lê e ouve na mídia e que julga os outros pelo que os inimigos, rivais e contemporâneos dizem normalmente começa a conversa com algo do tipo "vi no jornal" ou "dizem". O pensador preciso sabe que as reportagens nos meios de comunicação nem sempre são precisas e que o que "dizem" em geral carrega mais falsidade do que verdade. É claro que muitas verdades e muitos fatos surgem em reportagens ou disfarçados de conversa fiada, mas o pensador preciso não aceita tudo o que vê e ouve.

Muita gente confunde, de modo consciente ou não, conveniência com fato, agindo conforme seus interesses. É incrível a quantidade de gente que é "honesta" quando é lucrativo, mas que encontra miríades de fatos (?) para se justificar ao seguir um caminho desonesto quando este parece mais lucrativo.

O pensador preciso lida com fatos, independentemente de como afetem seus interesses, pois sabe que no fim essa política o levará a seu objetivo principal definido. O pensador preciso tem um só padrão pelo qual se conduz nas relações com outros, e esse padrão é observado mesmo que lhe traga desvantagem temporária, pois ele sabe que, pela lei das probabilidades, no futuro obterá mais do que perdeu. Não dá para negar que existe certa dose de penalidade temporária ligada ao pensamento preciso, mas também é verdade que a recompensa no conjunto é esmagadoramente maior.

Ao buscar fatos, muitas vezes é necessário recorrer à fonte única do conhecimento e experiência dos outros. É necessário então examinar cuidadosamente tanto a evidência quanto a pessoa de onde tal evidência provém; quando a evidência afeta o interesse de quem a fornece, é preciso examinar com mais cuidado ainda, pois as testemunhas muitas vezes cedem à tentação de colorir e deturpar evidências para proteger seus interesses.

Se um homem calunia outro, suas observações devem ser aceitas – caso tenham algum peso – com cautela, pois a tendência humana é não encontrar nada além de mal naqueles de quem não se gosta. O homem que fala do inimigo sem exagerar os defeitos e sem minimizar as virtudes deste é exceção, e não regra. Deve-se levar em consideração que, no momento em que uma pessoa começa a assumir a liderança em qualquer setor, os caluniadores começam a circular rumores sobre seu caráter.

O homem que sabe que está trabalhando com fatos realiza sua tarefa com uma autoconfiança que lhe permite abster-se de contemporizar, hesitar ou esperar para se certificar do terreno. Ele sabe de antemão qual será o resultado de seu esforço; por isso, age com mais rapidez e realiza mais do que o homem que não tem certeza de estar trabalhando com fatos.

E o que constitui um fato importante e relevante? A resposta depende inteiramente do objetivo principal definido; fato importante e relevante é qualquer coisa que você possa usar, sem interferir nos direitos dos outros, na realização de seu objetivo. É importante selecionar os fatos importantes porque você pode trabalhar tão arduamente para organizar, classificar e utilizar fatos irrelevantes quanto para lidar com fatos relevantes; a diferença é que não realizará muito.

Até agora discutimos o pensamento preciso baseado em raciocínio dedutivo. O pensamento que vai além da coleta, organização e combinação de fatos se chama pensamento criativo. Pensamento criativo pressupõe manter a mente em um estado de expectativa de realização do objetivo principal definido, ter plena fé e confiança em sua realização.

Para fazer uso do pensamento criativo, deve-se trabalhar em larga medida com a fé e a Inteligência Infinita. A mente subconsciente é a intermediária entre a mente consciente e a Inteligência Infinita, que você pode invocar dando instruções claras sobre o que quer, mediante autossugestão.

A mente subconsciente aceita e age sobre todas as sugestões que lhe chegam, sejam construtivas, sejam destrutivas, vindas de fora ou da mente consciente. Portanto, é essencial selecionar o que transmitir à mente subconsciente mediante autossugestão, procurar diligentemente por fatos e não dar ouvidos a caluniadores e difamadores.

Não conte com a realização de milagres para a conquista do objetivo principal definido, conte com o poder da Inteligência Infinita para guiá-lo por canais naturais e com a ajuda das leis naturais para a realização. Não espere que a Inteligência Infinita traga o objetivo principal definido; em vez disso, espere que ela o direcione para o objetivo.

O termo "pensamento preciso" conforme utilizado nesta lição se refere ao pensamento de sua criação. O pensamento que chega a você de outros não é pensamento preciso, embora possa ser baseado em fatos. O pensamento preciso faz uso inteligente de todos os poderes da mente e não cessa com o mero exame, classificação e organização de ideias. O pensamento preciso cria ideias e pode trazer essas ideias à sua forma mais rentável e construtiva.

Você pode fazer se ACREDITAR que pode! Na palavra "acreditar" reside o poder com que você pode vitalizar e dar vida a sugestões que transmite ao subconsciente por autossugestão. Quando planta um objetivo principal definido no subconsciente, você deve fertilizá-lo com a plena crença de que a Inteligência Infinita vai entrar em ação e amadurecer esse objetivo, transformando-o em realidade exatamente de acordo com o desejado.

Pensamentos são coisas. Você tem absoluto controle sobre seu pensamento. Se você tem o poder de controlar seus pensamentos, recai sobre você a responsabilidade de seus pensamentos serem positivos.

LIÇÃO 12

CONCENTRAÇÃO

Concentração no sentido aqui utilizado refere-se a focar a mente em dado desejo até os meios para sua realização serem elaborados e colocados em funcionamento com sucesso. Significa a capacidade, por meio do hábito e da prática, de manter a mente em um assunto até ter se familiarizado com ele e o dominado por completo. Significa a capacidade de controlar a atenção e concentrá-la em determinado problema até resolvê-lo.

Significa a capacidade de lançar fora os efeitos de hábitos que você deseja descartar e o poder de construir novos hábitos a seu gosto. Significa autocontrole completo. Dizendo de outra maneira, concentração é a capacidade de pensar como você deseja pensar, de controlar os pensamentos e direcioná-los para um fim definido e de organizar o conhecimento em um plano de ação sólido e viável.

Ambição e desejo são os principais fatores para a concentração bem-sucedida. Sem eles, a concentração é inútil, e o grande motivo por que tão pouca gente faz uso dela é que a maioria não tem ambição e não deseja nada em particular. Deseje o que quer que seja; se tal desejo estiver dentro do razoável e for forte o suficiente, a chave mágica da concentração ajudará a alcançá-lo. Concentração nada mais é do que uma questão de controle da atenção. Quando se familiarizar com os poderes da concentração, você entenderá a razão da escolha de um objetivo principal definido como primeiro passo na obtenção de sucesso duradouro.

Realize a seguinte prática de fixar a atenção em seu objetivo principal definido pelo menos duas vezes ao dia: vá para algum lugar calmo onde não seja perturbado, sente-se e relaxe completamente a mente e o corpo; em seguida, feche os olhos e coloque os dedos nos ouvidos, excluindo os ruídos e a luz. Nessa posição, repita seu objetivo principal definido e, enquanto faz isso, imagine-se de plena posse dele. Se uma parte do objetivo é a acumulação de dinheiro, como sem dúvida é, veja-se de posse do dinheiro. Se uma parte do objetivo definido é a propriedade de uma casa, veja uma imagem dessa casa, exatamente como espera vê-la na realidade.

Você pode começar a cultivar agora a concentração, com o sentimento de que essa habilidade, quando totalmente desenvolvida, trará seu objetivo principal definido.

LIÇÃO 13

COOPERAÇÃO

Vivemos na era do esforço cooperativo. Quase todos os empreendimentos de sucesso são conduzidos sob alguma forma de cooperação, seja no campo do comércio, da indústria ou das finanças, seja nas profissões liberais e autônomas.

Desafortunado aquele que, por ignorância ou egoísmo, imagina que possa navegar pelo mar da vida na casca frágil da independência. O sucesso não pode ser alcançado exceto por esforço pacífico, harmonioso e cooperativo; tampouco pode ser alcançado de forma solitária ou individual.

Quer dependa do trabalho diário ou dos juros da fortuna que acumulou, uma pessoa irá se sustentar com menos oposição mediante cooperação amigável com outras. Além disso, fortunas adquiridas pelo esforço cooperativo não infligem cicatrizes no coração de seus detentores, coisa que não se pode dizer de fortunas adquiridas por métodos conflitantes e competitivos que beiram a extorsão.

Qualquer forma de esforço em grupo, em que duas ou mais pessoas formam uma aliança cooperativa para realizar um objetivo definido, torna-se mais poderosa do que o simples esforço individual. O esforço cooperativo produz poder, mas o esforço cooperativo baseado em completa harmonia de objetivo desenvolve um superpoder.

Cooperação é a base de toda liderança bem-sucedida. Um grande líder, nos negócios, finanças, indústria ou vendas, sabe como criar um objetivo motivador que será aceito com entusiasmo por todos os seguidores. É bem sabido que homens que acumulam grandes fortunas asseguram o esforço cooperativo daqueles que fornecem talentos e habilidades que eles não têm.

Os principais motivos que impelem os homens à ação são dinheiro, sexo e autopreservação. O líder bem-sucedido estabelece um motivo suficientemente forte para que os subordinados trabalhem em espírito de perfeita harmonia.

Não importa quem você seja ou qual o seu objetivo principal definido, se planeja alcançar sua meta mediante esforço cooperativo, deve apresentar um motivo forte para assegurar a cooperação completa, indivisa e altruísta daqueles que podem ajudá-lo.

LIÇÃO 14

FRACASSO

De saída, vamos distinguir "fracasso" de "derrota temporária". Muitas vezes fracasso na realidade nada mais é do que derrota temporária. E derrota temporária em geral é uma bênção disfarçada, pois redireciona nossa energia por linhas diferentes e mais desejáveis. Nem derrota temporária nem adversidade equivalem a fracasso na mente de quem olha para essas experiências como uma lição necessária.

Deixaríamos de temer e de fugir de experiências difíceis se observássemos que praticamente todos os grandes homens são duramente testados antes de "chegar lá". A derrota é uma força destrutiva apenas quando aceita como fracasso. Quando aceita como ensinamento, é sempre uma bênção.

Não existe fracasso para o homem que segue lutando. Um homem nunca fracassa até aceitar a derrota temporária como fracasso. O sucesso de cada homem parece corresponder quase que à exata extensão dos obstáculos e dificuldades que ele teve de superar. Nenhum homem jamais se ergueu do nocaute da derrota sem ficar mais forte e mais sábio com a experiência.

Medo e admissão do fracasso são amarras que prendem a baixios de miséria. Podemos romper essas amarras e jogá-las fora, ou melhor, fazê-las de cabo de reboque para nos puxar do buraco, se observarmos e lucrarmos com as lições que ensinam.

Seja grato pela derrota que os homens chamam de fracasso porque, se você consegue sobreviver e seguir tentando, isso dá chance de provar sua capacidade de se erguer às máximas realizações no campo de atividade escolhido. Ninguém tem o direito de rotulá-lo como um fracasso, exceto você mesmo. Se em um momento de desespero você ficar inclinado a se rotular de fracassado, lembre-se das palavras do filósofo Creso, conselheiro de Ciro, rei da Pérsia: "Existe uma roda na qual os assuntos dos homens revolvem-se, e seu mecanismo é tal que impede qualquer homem de ser sempre afortunado". A roda está sempre girando. Não podemos impedir a roda do destino de girar, mas podemos modificar as desventuras que ela traz, lembrando que a boa sorte virá a seguir, se mantivermos a fé em nós e fizermos o melhor com seriedade e honestidade.

LIÇÃO 15

TOLERÂNCIA

Não é seu dever ser tolerante. É seu privilégio. A tolerância evita os efeitos desastrosos de preconceitos raciais e religiosos que acarretam derrota aos milhões de pessoas que se permitem emaranhar em discussões tolas sobre tais assuntos, envenenando a própria mente e fechando as portas para a razão e a investigação. A tolerância é gêmea do pensamento preciso pelo fato de que ninguém pode se tornar um pensador preciso sem ser tolerante.

A intolerância fecha o livro do conhecimento e escreve na capa: "Fim! Aprendi tudo!". A intolerância prende os homens com os grilhões da ignorância e cobre seus olhos com as vendas do medo e da superstição.

A intolerância torna inimigos aqueles que deveriam ser amigos, destrói oportunidades e enche a mente de dúvida, desconfiança e preconceito. A intolerância é a principal causa de todas as guerras, faz inimigos nos negócios e nas profissões, desintegra forças organizadas da sociedade, destrona a razão e a substitui pela psicologia de massas. A intolerância causa desgraças despedaçando as religiões em seitas e denominações que fazem tanto esforço opondo-se umas às outras quanto fazem para tentar destruir os males da humanidade.

Plantar a semente da intolerância é a atividade única e exclusiva de alguns homens. Todas as guerras e outras formas de sofrimento trazem lucro para alguns. Não fosse isso verdade, não existiriam guerras e outras formas de hostilidade.

A intolerância mais amarga brota do preconceito religioso, racial e econômico e das diferenças de opinião. Quanto tempo levará até entendermos a loucura de tentar destruir uns aos outros por causa de dogmas, crenças e outros assuntos sobre os quais não concordamos?

Se mesmo assim você quiser dar expressão ao preconceito, ao ódio e à intolerância, não fale, escreva; escreva na areia, perto da água.

LIÇÃO 16

A REGRA DE OURO

Existe uma lei eterna por cuja operação nós colhemos o que semeamos. Essa lei embasa a Regra de Ouro, que estabelece fazer aos outros o que você desejaria que fizessem para você.

Para aproveitar plenamente os benefícios da grande lei do retorno, é aconselhável não só fazer aos outros aquilo que você deseja que eles façam para você, mas também pensar dos outros o que deseja que eles pensem de você. A lei do retorno não se limita a arremessar de volta seus atos em relação aos outros; vai além disso – muito além – e devolve os resultados de todo pensamento que você emite.

Quando corretamente entendida e aplicada, a Regra de Ouro torna a desonestidade impossível. Mais do que isso: impossibilita todas as outras qualidades destrutivas, tais como egoísmo, ganância, inveja, intolerância, ódio e malícia. Honestidade baseada na Regra de Ouro não é questão de conveniência. Não há crédito em ser honesto quando a honestidade é a política mais lucrativa. Porém, quando a honestidade significa uma perda material temporária ou permanente, tem como recompensa caráter e reputação acumulados e desfrutados por todos que a demonstram.

Aqueles que entendem e aplicam a Regra de Ouro são honestos não apenas pelo desejo de serem justos com os outros, mas também pelo desejo de serem justos consigo. Eles sabem que atos de injustiça dão início a uma cadeia de acontecimentos que trazem sofrimento físico e destroem o caráter, mancham a reputação e impossibilitam o sucesso duradouro.

Todo ato e todo pensamento modificam seu caráter exatamente conforme a sua natureza, e seu caráter é uma espécie de polo magnético que atrai pessoas e condições que se harmonizam com ele. Compreenda esse princípio simples e entenderá por que você não pode se dar ao luxo de odiar ou invejar outra pessoa. Entenderá também por que não pode se dar ao luxo de revidar quem lhe faz uma injustiça. Entenda a lei sobre a qual se baseia a Regra de Ouro e entenderá a lei que liga toda a humanidade em um laço de companheirismo, impossibilita que você prejudique outra pessoa em pensamento ou ação sem se prejudicar e adiciona a seu caráter os resultados de todo pensamento e ação que você manifesta.

Faça aos outros o que gostaria que fizessem para você. Não faça aos outros o que não gostaria que fizessem a você.

CONHEÇA NOSSOS TÍTULOS EM PARCERIA COM A FUNDAÇÃO NAPOLEON HILL

MAIS ESPERTO QUE O DIABO

Napoleon Hill

Fascinante, provocativo e encorajador, *Mais esperto que o Diabo* mostra como criar a senda para o sucesso, a harmonia e a realização em meio a incertezas e medos.

ATITUDE MENTAL POSITIVA

Napoleon Hill

Sua mente é um talismã com as letras AMP de um lado e AMN do outro. AMP, a atitude mental positiva, atrairá sucesso e prosperidade. AMN, a atitude mental negativa, vai privá-lo de tudo que torna a vida digna de ser vivida. Seu sucesso, saúde, felicidade e riqueza dependem do lado do talismã que você usar.

QUEM PENSA ENRIQUECE – O LEGADO

Napoleon Hill

O clássico *best-seller* sobre o sucesso agora anotado e acrescido de exemplos modernos, comprovando que a filosofia da realização pessoal de Napoleon Hill permanece atual e ainda orienta aqueles que são bem-sucedidos. Um livro que vai mudar não só o que você pensa, mas também o modo como você pensa.

A ESCADA PARA O TRIUNFO

Napoleon Hill

Um excelente resumo dos dezessete pilares da Lei do Triunfo, elaborada pelo pioneiro da literatura de desenvolvimento pessoal. É um fertilizador de mentes, que fará com que a sua mente funcione como um ímã para ideias brilhantes.

A CIÊNCIA DO SUCESSO

Napoleon Hill

Uma série de artigos do homem que mais influenciou líderes e empreendedores no mundo. Ensinamentos sobre a natureza da prosperidade e como alcançá-la, no estilo envolvente do consagrado escritor motivacional.

MAIS QUE UM MILIONÁRIO

Don M. Green

Don M. Green, diretor executivo da Fundação Napoleon Hill, apresenta de forma simples e didática todos os ensinamentos da Lei do Sucesso que aplicou em sua vida.

O PODER DO MASTERMIND
Mitch Horowitz

Com este manual você vai aprender a construir o MasterMind, a mente mestra, um inconsciente coletivo de abundância. Precioso para iniciantes e, se você já tem algum grau de experiência com o MasterMind, uma excelente leitura de apoio e renovação, com técnicas que poderão ser testadas no seu grupo.

O MANUSCRITO ORIGINAL
Napoleon Hill

A obra-prima de Napoleon Hill, na qual ele apresenta em detalhes a Lei do Sucesso. Neste marco da literatura motivacional, Hill explica didaticamente como escolher o objetivo principal de vida e pensar e agir focado na realização de metas.

PENSE E ENRIQUEÇA PARA MULHERES
Sharon Lechter

A autora apresenta os ensinamentos de Napoleon Hill com relatos inspiradores de mulheres bem-sucedidas e suas iniciativas para superar obstáculos, agarrar oportunidades, definir e atingir metas, concretizar sonhos e preencher a vida com sucesso profissional e pessoal.

PENSO E ACONTECE

Greg S. Reid e Bob Proctor

Proctor e Reid exploram a importância vital da forma de pensar para uma vida de significado e sucesso. A partir de entrevistas com neurocientistas, cardiologistas, professores espirituais e líderes empresariais, explicam como pensar melhor para viver melhor.

QUEM CONVENCE ENRIQUECE

Napoleon Hill

Saiba como utilizar o poder da persuasão na busca da felicidade e da riqueza. Aprenda mais de 700 condicionadores mentais que vão estimular seus pensamentos criativos e colocá-lo na estrada da riqueza e da felicidade – nos negócios, no amor e em tudo que você faz.

COMO AUMENTAR O SEU PRÓPRIO SALÁRIO

Napoleon Hill

Registro de uma série de conversas entre Napoleon Hill e seu mentor, o magnata do aço Andrew Carnegie, um dos homens mais ricos da história. Em formato pergunta–resposta, apresenta em detalhes os princípios que Carnegie utilizou para construir seu império.

VOCÊ PODE REALIZAR SEUS PRÓPRIOS MILAGRES

Napoleon Hill

O autor revela o sistema de condicionamento mental que auxilia no domínio de circunstâncias indesejáveis, como dor física, tristeza, medo e desespero. Esse sistema também prepara o indivíduo para adquirir todas as coisas de que necessite ou deseje, tais como paz mental, autoentendimento, prosperidade financeira e harmonia em todas as relações.

THINK AND GROW RICH

Napoleon Hill

Um dos livros mais influentes da história, apresenta a fórmula para acumular fortuna e comprova que a receita do sucesso é atemporal. Uma produção brasileira para amantes da literatura norte-americana e para quem deseja aperfeiçoar seu inglês com conteúdo enriquecedor.